Maquillaje sin complicaciones

Maquillaje sin complicaciones

Danielle Villenueve
Sandra González
Hugo Correa

Grupo Editorial Tomo, S.A. de C.V.
Nicolás San Juan 1043
03100 México, D.F.

1a. edición, junio 2006.

© *Maquillaje sin complicaciones*
Danielle Villenueve, Sandra González, Hugo Correa

© 2006, Grupo Editorial Tomo, S.A. de C.V.
Nicolás San Juan 1043, Col. Del Valle
03100 México, D.F.
Tels. 5575-6615, 5575-8701 y 5575-0186
Fax. 5575-6695
http://www.grupotomo.com.mx
ISBN: 970-775-169-X
Miembro de la Cámara Nacional
de la Industria Editorial No 2961

Maquillistas: Sandra González y Hugo Correa
Fotografías: Diana Villanueva T.
Diseño de portada: Trilce Romero
Formación tipográfica: Servicios Editoriales Aguirre, S.C
Supervisor de producción: Silvia Morales Torres

Impreso en México - *Printed in Mexico*

Prólogo

La rutina comienza una vez más...

Te lavas la cara con rapidez. La secas con la primer toalla que encuentres. Te miras en el espejo haciendo algunos gestos: primero es el susto, luego la preocupación, después alguna pose que haga lucir tu mejor ángulo y finalmente ¡manos a la obra!

Todo comienza con el delineador y el rímel de siempre, con las sombras de ojos que acostumbras, un toque de rubor en el mismo lugar de todos los días, alguno de los 3 o 4 tonos de labial que tienes y listo. Ahora sí, viéndote de nuevo en el espejo sonríes pensando que ésta sí eres tú.

Es increíble lo que un poco de maquillaje, aplicado más por intuición o costumbre, puede hacer por tu autoestima. Has pasado de ser un ente de ultratumba a una mujer, sin importar tu edad, dispuesta a iniciar tu diaria batalla, poniendo siempre tu mejor cara.

Pero ¿realmente es tu mejor cara? Podrás pensar: "está bien para mí, hasta ahora me ha funcionado, luzco presentable... además, lograr un rostro de portada de revista es un sueño, alcanzable sólo para ese selecto grupo de suertudas, que han sido bendecidas con una piel divina, unos rasgos casi perfectos... y con una gran fortuna para invertir en los últimos productos de maquillaje que salen al mercado".

¡Te tengo excelentes noticias! La realidad es que ninguna mujer, sí leíste bien, nin-gu-na, nacimos con las medidas perfectas o con los rasgos ideales que dictan los estándares actuales. Aún hasta las modelos más hermosas, con apariencia de auténticas diosas de la belleza, tienen sus defectillos, igual que tú, yo o cualquier simple mortal; la diferencia está en que ellas saben como cubrirlos y como equilibrar su rostro con el maquillaje adecuado, para enfocarlo en los puntos de mayor atractivo.

Por eso hemos creado esta obra. Con ella, tú también podrás lucir hermosa, enfatizando tus propias cualidades y disminuyendo aquellas partes de tu rostro que no acaban por convencerte.

El maquillaje es todo un arte, que se basa en la intuición, en la creatividad, pero sobre todo, en ciertos secretos que pueden convertir un rostro común, en una belleza exótica o en la viva imagen de un ángel; todo es cuestión de voluntad, práctica y de seguir algunos sencillos y útiles consejos que encontrarás aquí.

Te invito a conocer a fondo un mundo fascinante, que a partir de hoy te resultará menos complicado y ajeno de lo que hasta ahora te parece. Vamos a descubrir los secretos del maquillaje profesional; ideas, conceptos y tips, que tú misma podrás poner en práctica, para lucir una imagen diferente y atractiva en toda ocasión.

Antes de comenzar, debes conocer algunos lineamientos que cambiarán tu actitud al momento de maquillarte.

- El mejor maquillaje es aquel que se nota, pero no se ve.

- Mayor cantidad de maquillaje no significa mejores resultados.

- El maquillaje no debe convertirte en una persona diferente, sino resaltar tus cualidades y reforzar tu propia personalidad.

- Obtener el maquillaje adecuado, implica una inversión que vale la pena, pero que no necesariamente debe escapar a tus posibilidades económicas; más que contar con una amplia variedad de cosméticos, es importante saber utilizarlos y aprovecharlos al máximo.

- Elige o define una imagen acorde con tu personalidad, tus actividades y estilo de vida, así como con tus necesidades y gustos individuales.

- Todas las personas tenemos características únicas y diferentes, utiliza tu sentido común para distinguir las cosas que te van bien y las que no te quedan del todo.

- El maquillaje es una parte muy importante de tu apariencia y debe armonizar con el estilo y color de tu cabello, con tu guardarropa y los accesorios que utilizas.

- Y lo más importante: antes de pretender lucir bella, siéntete bella, deja que tus cualidades internas se reflejen en tu imagen exterior.

La autora
Danielle Villenueve

1

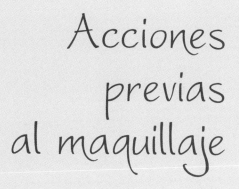

Acciones
previas
al maquillaje

1

Acciones previas al maquillaje

Cuidado básico del cutis

El principio de todo buen maquillaje, comienza con el cuidado correcto de la piel, que puede ser la diferencia entre un rostro impecable o uno agrietado o apelmazado. Un proceso completo, consta de tres pasos importantes:

Limpieza: debes lavar tu piel con un jabón o espuma adecuados a tu tipo de cutis (normal, graso, seco o mixto), utilizando las manos en movimientos circulares y en dirección de adentro hacia afuera; enjuaga con abundante agua tibia y seca suavemente oprimiendo sin frotar, con una toalla limpia.

Tonificación: después de la limpieza, utiliza una loción astringente, aplicándola con una motita o disco de algodón, para eliminar las impurezas que pudieran haber quedado, cerrar los poros y tonificar la piel, preparándola para recibir todos los beneficios de la crema humectante. Seca el excedente con suaves palmaditas. Este paso es indispensable sólo para pieles grasas o mixtas y se recomienda realizarlo cada tercer día, si tienes el cutis normal o seco.

Humectación: aplica entonces un humectante, también de acuerdo a tu tipo de piel; los puedes encontrar en diferentes presentaciones como crema o loción y de preferencia utiliza alguno que contenga filtros solares, para protegerte del medio ambiente.

Es conveniente que realices este proceso de limpieza-tonificación-humectación de preferencia dos veces al día.

Mascarillas

Para complementar el cuidado básico, debes recurrir a las bondades de las mascarillas. Te recomendamos aplicarlas, por lo menos una vez a la semana, eligiendo entre varias alternativas de acuerdo a tus necesidades particulares como exfoliación, hidratación, anti-acné o anti-arrugas. Puedes encontrar una gran variedad en el mercado, o prepararlas tú misma con algunos ingredientes naturales.

Depilación

Parte importante de tu rutina de belleza, sin duda alguna, es la depilación del vello facial. Las zonas que acostumbramos depilar son la ceja, el párpado superior, el bigote o bozo y la parte exterior de las mejillas.

Existen una gran variedad de técnicas o métodos para deshacerte del molesto vello, como la decoloración, la depilación con crema, cera fría o cera caliente, que puedes realizar con productos comerciales en tu propia casa; o procedimientos más sofisticados que te pueden aplicar en salones o clínicas de belleza, como la electrólisis y el rayo láser.

Recomendamos que sin importar el método que elijas, la depilación se haga entre 24 y 48 horas antes, pues la piel puede presentar alguna reacción o irritaciones que no la harían lucir bien.

Algunos métodos pueden llegar a ser dolorosos, por lo que te recomendamos no realizar la depilación durante tu periodo menstrual, pues durante este tiempo tu cuerpo se encuentra más sensible al dolor.

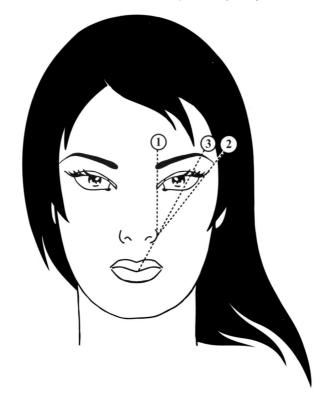

Las cejas, el marco de tu rostro

Parte importante a depilar son las cejas, pues éstas enmarcan la mirada, son el punto central de nuestra expresión y la base de un maquillaje exitoso. Para darles forma sigue estos pasos:

1. Colócate frente a un espejo y delimita una línea vertical imaginaria, que vaya paralela a tu nariz, desde la aletilla y que toque el borde interno de tu ojo o el lagrimal; sigue la línea hacia arriba para definir el límite interior que deberá tener tu ceja. Haz lo mismo con ambos ojos.

2. Ahora traza otra línea imaginaria del mismo borde de tu nariz, hasta el rabillo externo de uno de tus ojos; si la continúas hacia arriba, ese será el límite exterior de tu ceja. Repite el procedimiento con el otro ojo.

3. Finalmente, traza una línea imaginaria que vaya del punto medio de tus labios hacia el espacio que queda entre el

iris de tu ojo y el borde externo del mismo; justo donde esta línea toca la ceja, ahí debe terminar el arco de la misma. Haz lo mismo con el otro ojo.

Puedes ayudarte con un lápiz o pincel delgado, que colocarás en el lugar de cada línea imaginaria.

4. Prepara la piel de esta zona con un ligero masaje y pasa un algodón empapado en agua caliente, para abrir los poros y facilitar la salida del vello.

5. Traza la forma que deseas dar a cada ceja con un lápiz o corrector blanco que cubra y marque los vellos que vas a eliminar.

6. Puedes untar una pequeña cantidad de la solución analgésica que se utiliza para calmar el dolor de las encías de los bebés, cuando les comienzan a salir los dientes; esto le quitará temporalmente la sensibilidad a tu piel.

7. Utiliza pinzas especiales para depilar y procura arrancar los vellos desde su base, y en la dirección de su crecimiento, para que salgan con todo y raíz.

8. Si prefieres no utilizar la solución analgésica para bebés, al terminar de depilarte pasa un hielo cubierto por una tela o pañuelo, para desinflamar la zona y calmar el dolor e irritación que pudiera ocasionar la depilación.

El complemento de la belleza

El rostro es el reflejo de nuestra salud, por lo que si deseas conservarlo en las mejores condiciones, además de los buenos hábitos de higiene y cuidado, debes complementar con una alimentación sana y equilibrada, que incluya frutas y verduras, así como evitar los alimentos ricos en grasa y sal.

El agua es vida, no lo olvides. Bebe 8 vasos de agua al día y tu piel lucirá radiante, tersa y saludable, como el resto de tu organismo.

Evita en lo posible al alcohol y el tabaco, ya que debilitan los tejidos de la piel y la envejecen prematuramente.

Y no olvides darle a tu rostro el descanso que se merece. Duerme, de ser posible y sin importar tu edad, 8 horas diarias, tiempo necesario para que todo tu organismo y especialmente tu piel, puedan reponer la energía utilizada en el día, favoreciendo el proceso de regeneración de las células. Si no descansas lo suficiente, ten la seguridad de que se notará, a través de arrugas prematuras, ojeras, bolsas en los ojos, hinchazón, piel seca y opaca.

Demaquillarte, un paso indispensable

Uno de los errores más comunes es irte a la cama sin haberte quitado el maquillaje, ya sea por olvido, cansancio o comodidad, sobre todo si eres muy joven.

Aunque no lo creas, cada vez que te duermes con maquillaje, le estás haciendo un daño irreparable a tu rostro. En primer lugar, los cosméticos tapan los poros de tu piel y le impiden oxigenarse y reponerse durante la noche, proceso necesario para la regeneración celular. Pueden provocar también la aparición de erupciones, espinillas y barritos en las pieles propensas.

El rímel hace menos flexible las pestañas mientras lo usas, por lo que durante la noche, éstas pueden llegar a trozarse al contacto o roce con la almohada y las sábanas, sin contar con las manchas, difíciles de eliminar, que puedes ocasionar en tu ropa de cama.

Además, por cada vez que te acuestas sin haberte demaquillado, tu piel envejece tres días.

Así que piénsalo dos veces antes de hacerlo de nuevo, tu rostro te lo agradecerá.

Te sugerimos integrar este proceso dentro de tu rutina diaria de belleza, comenzando primero con los ojos: trátalos suavemente con un algodón o pañuelo desechable, limpios, utilizando ya sea una crema o loción demaquillante; también puedes encontrar toallitas húmedas especial para este paso. Continúa eliminando el resto del maquillaje con otro algodón o pañuelo.

Es un paso que no te llevará más de 5 o 10 minutos y te ayudará a conservar la lozanía y frescura de tu piel.

2 Artículos para el maquillaje

2

Artículos para el maquillaje

Actualmente existen numerosos productos cosméticos y herramientas para el maquillaje, así como diversas presentaciones, marcas, precio y calidad. A continuación te presentamos los más comunes, para que aprendas a conocerlos y familiarizarte con ellos.

Cosméticos

a) Base para maquillaje

Existe una gran variedad de marcas, presentaciones y texturas con fórmulas específicas y algunas incluyen protector solar o filtros para rayos ultravioletas, pero las más comunes son:

- Líquida y en espuma: su consistencia es ligera y unifica el tono del rostro en forma natural, pero no cubre las imperfecciones de la piel.
- Cremosa y en barra: su consistencia es más espesa y ayuda a cubrir algunas imperfecciones. Ofrece una mayor durabilidad.
- Sólida o compacta: es la que proporciona la mejor cobertura y duración; su consistencia es como el polvo y se aplica en seco.

- Base para labios: es una presentación especial de base, que se utiliza antes de aplicar el color en los labios.

¿Cómo elegir la base correcta?

— Selecciona la fórmula o presentación que necesitas de acuerdo a tu tipo de piel:

Para cutis graso se recomiendan las presentaciones en polvo o compactas, líquidas o que contengan la leyenda "libre de aceite"; adicionalmente, algunas marcas ofrecen productos que controlan la producción de grasa o combaten el acné.

Si tu cutis es seco, prefiere las fórmulas de agua y aceite, especiales para hidratar o humectar la piel.

Si es mixto, prefiere las presentaciones en crema y en polvo; algunas marcas ya utilizan fórmulas balanceadas que combinan ingredientes para este tipo de piel.

— Elige unos cuantos tonos similares al tono de tu piel.
— Aplica pequeñas cantidades de cada uno de ellos, sobre la línea de la mandíbula y con la piel limpia y libre de maquillaje; este procedimiento te permitirá seleccionar la base más adecuada para el tono de piel de tu rostro y también de cuello, lo que te dará una apariencia más natural.
— Observa tu rostro bajo una luz natural o luz de día. El tono correcto, es aquel que se desvanece perfectamente al contacto con tu piel y es prácticamente imposible de distinguir, de lo contrario, hará lucir el maquillaje muy artificial.

b) Correctores

Su función es disimular los defectos o imperfecciones del rostro. Sus presentaciones son en barra, tubo y líquida. Si deseas enfatizar una zona, utiliza los tonos claros; los oscuros ayudan a disimularla o hacerla menos evidente. Existen diversos colores; los más comunes que se utilizan son:

- **Marfil o Ivory:** ayuda a disimular líneas de expresión en pieles morenas o cenizas.
- **Amarillo:** ayuda a cubrir enrojecimientos, problemas de acné, venitas rojas (cuperosis) y proporciona luz y volumen.
- **Verde menta:** ayuda a corregir los tonos morados o rojizos en la piel como moretones, barros o irritaciones.
- **Lila:** ayuda a corregir el tono amarillento de la piel.
- **Café:** cubre coloraciones cafés y obscuras como ojeras o problemas de falta de pigmentación en la piel.
- **Beige:** cubre ojeras en tonalidad gris o muy tenues y ayuda a las pieles muy blancas que presentan problemas de falta de pigmentación.

El secreto principal consiste en elegir tonos que combinen a la perfección con tu piel, pues entre más se le asemejen, menos cantidad tendrás que utilizar y más natural lucirás.

c) *Rímel o máscara para pestañas*

También encontrarás numerosas marcas y presentaciones; en cuanto a su composición, existen de agua y aceite. Además, hay una gran variedad de acuerdo a los beneficios que aportan como:

- **Volumen:** utilízalas si tus pestañas son muy delgadas, pues sus ingredientes proporcionan cuerpo y una mayor pigmentación.
- **Longitud:** este tipo de rímel te ayuda si necesitas alargar tus pestañas, pues la forma de su cepillo permite aplicar mayor cantidad de producto en cada pasada y sobre todo en la punta, dando la apariencia de ser más largas.
- **Rizado:** sirven para enchinar o rizar las pestañas muy lacias, pues su fórmula y la forma de su cepillo proporcionan este efecto.

- **Efectos especiales:** algunas presentaciones tienen colores vibrantes de moda o con espectaculares brillos metálicos, que aconsejamos utilizar para ocasiones especiales.

Puedes encontrar además varios colores y tonos.

Recomendamos especialmente las máscaras a prueba de agua, pues dan una mejor apariencia a las pestañas, duran más y no se corren.

d) Sombras

Las puedes encontrar en diversas presentaciones:

En polvo (compactas): las puedes utilizar para cualquier tipo de piel y son las que más duran y vienen en tonos mate o nacarado.

Crema: gracias a su consistencia, lucen más naturales, pues se desvanecen fácilmente en la piel; además, son más fáciles de mezclar que las de polvo. Sin embargo, también son más difíciles de manejar porque pueden correrse mientras las aplicas, por eso no se recomienda su uso si tienes la piel grasa.

En lápiz: son más fáciles de manejar y transportar y sirven también como delineador.

En polvos sueltos: ofrecen una gama de tonos mate, nacarados e iridiscentes, proporcionan una apariencia suave y uniforme, pero son difíciles de manejar y es común que caigan residuos sobre tu rostro, ropa o a tu alrededor.

e) Delineador para ojos

Se utiliza para realzar, delinear o corregir la forma de los ojos. Vienen en diferentes presentaciones como:

Líquida: ofrece un trazo más firme y dramático.

En lápiz: proporciona un efecto menos dramático que el líquido, es más fácil de manejar y transportar y se aplica rápidamente.

En polvo: se aplica con un pincel húmedo en agua o crema para los ojos y proporciona un efecto más natural.

Utilizando tus sombras para ojos: puedes convertirlas, con un pincel muy fino de cerdas delgadas y unas gotas que encontrarás en diferentes marcas especialmente para este efecto. Primero comprueba que tus sombras pueden manejarse de esta manera, porque hay algunas marcas que no te permiten convertirlas con gotas y se cristalizan: coloca unas cuantas gotitas sobre una superficie plana como un espejito; tómalas con un pincel y aplica en una pequeña orilla de la sombra para comprobar que ésta puede ser utilizada así.

f) Rubor o Blush

Sirve para dar color a las mejillas y otras partes del rostro; en ocasiones puedes utilizarlo también para corregir o disimular ligeramente algunas zonas. Lo encuentra en diversas presentaciones:

Polvo: se recomienda para todo tipo de cutis, especialmente el graso, pues dura más que otras presentaciones y brinda un acabado mate.

Crema: esta presentación también puede ser utilizada por todos los tipos de piel, aunque no siempre se desvanece perfectamente sobre el cutis graso. Es especial para piel seca o de mayor edad, gracias a sus ingredientes humectantes.

Líquido o en gel: da una apariencia más intensa y llena de color. Se recomienda para cutis de normal a graso, ya que es más difícil de aplicar y desvanecer en una piel seca. Es a prueba de agua y de larga duración, por lo que debes utilizarlo en ocasiones en que no tendrás tiempo de retocar tu maquillaje y con ciertas reservas, pues por su consistencia puede lucir muy recargado. Además, es algo complicado para aplicarse, pues seca muy rápido y sólo podrás retirarlo lavando tu rostro o por medio de una loción o toallita demaquillante.

Los tonos café y dorado dan un efecto de bronceado, mientras que el rosa da una apariencia más fresca. Algunos productos vienen en presentación doble y contienen ambos tonos para lograr diferentes efectos de acuerdo al resto del maquillaje.

g) Labial

Para dar luz, color y cuidar tus labios, podrás encontrar diferentes productos y presentaciones.

- **Crema o bálsamo para labios:** los hay con olor, sabor, un toque de color, ingredientes naturales e incluso filtro solar. Su uso cotidiano es importante, pues los labios no son capaces de producir la grasa natural que el resto de la piel produce; por eso hay en el mercado numerosos bálsamos o cremas que te protegerán del medio ambiente y los mantendrán suaves e hidratados.
- **Lápiz labial:** los encontramos en presentación de lápiz y en numerosos colores y tonos y se utiliza principalmente para delinear el contorno de los labios.
- **Labial:** viene en diferentes presentaciones y sirve para colorear o rellenar el color de los labios y también para delinearlos. La presentación tradicional es en barra; existe una gran variedad de colores y acabados, dependiendo de la moda de temporada, pero básicamente los puedes encontrar en tonos mate, metálico, nacarado o en consistencia cremosa.

También hay otra presentación en tubo, con una consistencia más líquida que se aplica con una esponja o pincel. Da un acabado más natural y un tono más suave que el color que luce en su envase.

El labial en crema se aplica con pincel, es más espeso y brinda una mayor intensidad de color.

Otra variedad son los labiales de larga duración, cuyo efecto permanece por lo menos 8 horas, aunque pueden dar una apariencia reseca a los labios.

Algunas marcas manejan labiales líquidos o en gel, que más que cubrir, pigmentan los labios, ofreciendo una larga duración, pero sin agregar ninguna textura. Proporcionan una apariencia natural, aunque por su fórmula, pueden resecar los labios.

Elige el tono y acabado, de acuerdo a la ocasión para la cual te estás maquillando y no tengas miedo a experimentar con todos los colores.

- **Brillo labial o Gloss:** es un toque de brillo que proporciona una apariencia húmeda a los labios. Los puedes encontrar en tonos transparentes, ligeramente matizados, con olor o sabor. Sus ingredientes humectan los labios y proporcionan una apariencia voluptuosa o sensual, pero el brillo dura muy poco, por lo que necesitas retocarlo constantemente.

h) Polvos

Se utilizan como el paso final del maquillaje, sellándolo para que éste dure por más tiempo, eliminando el brillo y proporcionando un acabado mate. Son además muy versátiles pues representan también un excelente complemento de las sombras para ojos y de los correctores, así como un gran auxiliar para retocar el maquillaje o matizarlo cuando lo has aplicado en exceso o en un tono equivocado. Existen polvos que proporcionan diferentes tonalidades y efectos como translúcidos, semitransparentes e iridiscentes. Es necesario saber utilizar el adecuado, para evitar que tu rostro luzca raro o muy diferente.

Polvos bronceadores: dan una apariencia de bronceado a la piel, sin haberte expuesto al sol. Debes utilizar un tono ligeramente más oscuro que tu piel, para que el acabado no resulte muy artificial o falso.

Polvos compactos: ofrecen un acabado más mate y por su presentación, son prácticos, portátiles y ayudan a retocar el maquillaje en todo momento.

Polvos ligeros: los puedes encontrar con suaves tonali-dades o translúcidos. Su textura es sumamente fina y por lo mismo, no son prácticos para llevarlos en tu bolso.

Polvos iridiscentes: contienen ingredientes que dan re-flejos de luz para obtener una apariencia más sexy o sofisticada. Su textura es también muy fina y se pueden utilizar en rostro, hombros y escote.

Herramientas

Para todo el rostro:

1 Brocha gruesa para polvo

2 Brocha para rubor o blush

3 Brocha plana delgada

4 Pincel grueso de punta ovalada

5 Aplicadores de esponja, circular
   y en forma de "queso" o triangular

6 Perfilador (cepillito con navaja)

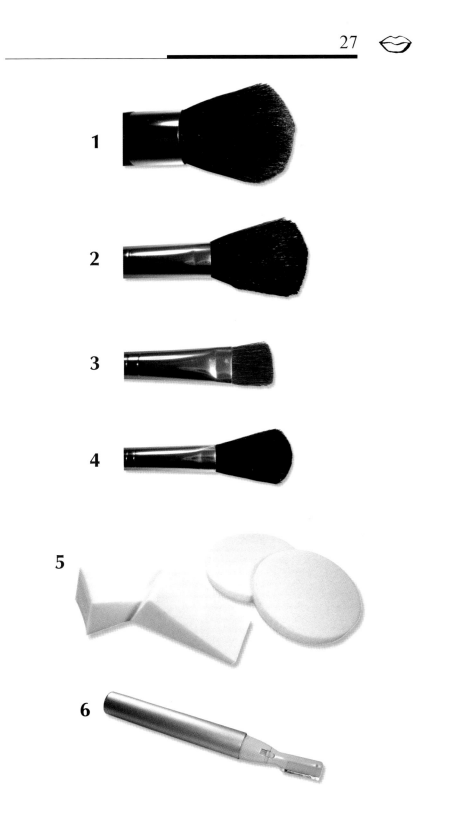

Herramientas

Para los ojos:

1   Cepillo para cejas

2   Peine para pestañas

3   Aplicadores de esponja para sombras

4   Sacapuntas

5   Rizador de pestañas

6   Pincel para delinear

7   Brocha de punta redondeada

8   Brocha plana delgada

9   Brocha de corte diagonal o sesgada

10 Pinzas para depilar

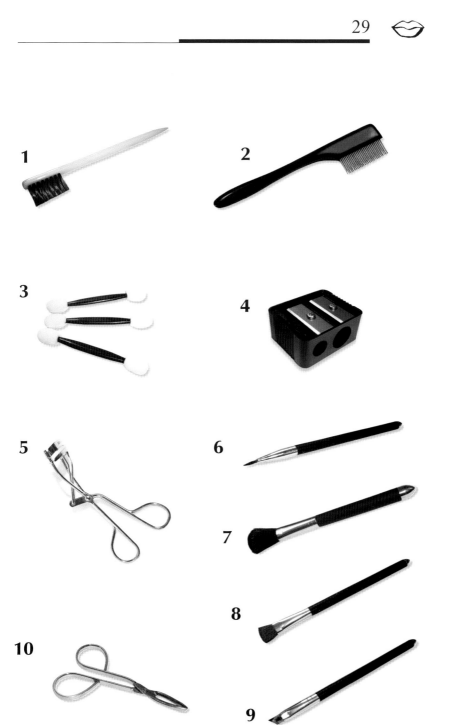

Herramientas

Para la boca:

1 Pincel fino para delinear

2 Pincel para colorear

Complementos:

1 Espejo fijo o de mano

2 Motas y discos de Algodón

3 Cotonetes

4 Pañuelos desechables

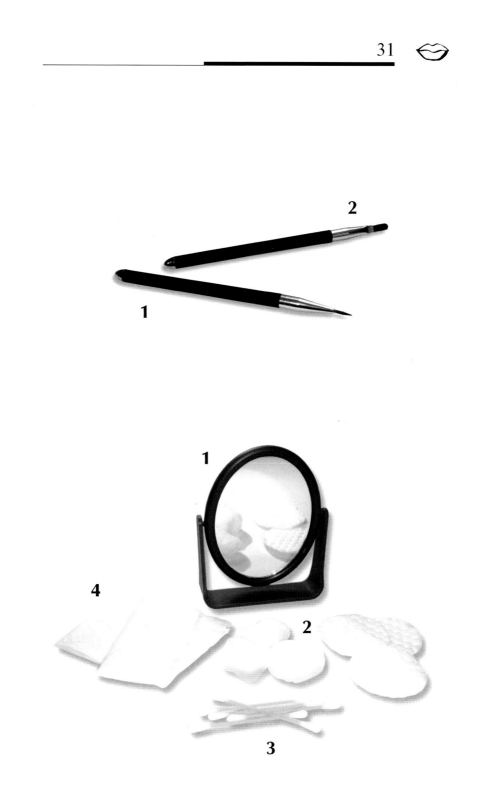

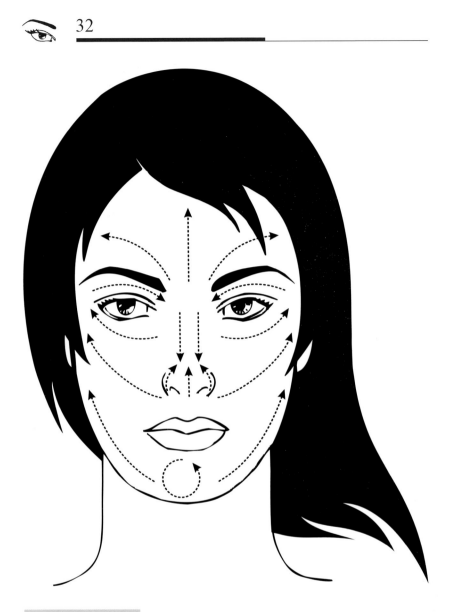

Iluminación

Procura maquillarte en un sitio muy iluminado y tomando en cuenta el tipo de luz al que te verás expuesta.

La luz neón (como la utilizada en las oficinas y en los tocadores de algunos bares, restaurantes y discotecas) proporciona un tono verdoso y hace que el maquillaje no se aprecie bien, por lo que si utilizas esta clase de iluminación para maquillarte, corres el riesgo de hacerlo en exceso.

La luz blanca o de tungsteno, como la utilizada en las casas habitación, es más adecuada aunque puede llegar a variar ligeramente los tonos.

La luz natural o luz de día es la mejor opción para maquillarte, pues es la que refleja con mayor fidelidad el color de los productos y su combinación con tu propio tono de piel.

Cuidado y conservación de las herramientas

Los cosméticos duran más si los conservas en sus estuches originales. Es importante que utilices tus propios productos, ya que no es conveniente compartirlos o pedirlos prestados a otras personas, pues al ser objetos de uso personal, se corre el riesgo de contagios o contaminación.

Cuando un cosmético caduque, reemplázalo de inmediato, pues después de esta fecha se reducirán sus beneficios y en caso de tener piel sensible, te pueden llegar a provocar alguna molestia.

Para evitar posibles infecciones, irritaciones y prolongar la vida útil de tus herramientas y utensilios de maquillaje, es recomendable mantenerlos siempre limpios, secos y conservarlos en un sitio que los proteja del polvo.

Brochas y pinceles: retira el exceso de producto pasándolos por una tela o lienzo limpio; acomódalos en una bandeja que contenga una preparación de agua y jabón neutro; trabájalos un rato y después sécalos, sin exprimir, con otro lienzo o tela limpio; extiéndelos sobre una superficie plana y déjalos secar al aire. Te recomendamos hacerlo por lo menos cada 15 días. También puedes utilizar jabón líquido antibacterial para manos o alguno de los productos especiales para limpiar herramientas de este tipo, que puedes encontrar en diferentes marcas.

Cepillo para cejas y peine para pestaña: puedes limpiarlos también con jabón neutro o utilizar un algodón bañado en loción demaquillante. No olvides enjuagar muy bien con agua tibia y secar con una toalla limpia.

Esponjas y aplicadores: por lo general son desechables y se recomienda utilizarlos por periodos de un mes, como máximo. Las que no son desechables, se deben lavar cada quince días con jabón neutro o líquido antibacterial para manos, enjuagándolas, exprimiéndolas y dejándolas secar muy bien, antes de reutilizarlas.

Pinzas para depilar: después de utilizarlas, límpialas con agua y jabón, y al terminar, con un algodón bañado en alcohol y espera a que éste se evapore por completo antes de guardarlas.

3 El Color

3

El color

Además de los cosméticos y herramientas adecuadas, el secreto de un buen maquillaje está en la combinación de los colores. Existe una amplia gama de tonalidades que te ofrecen numerosas posibilidades, el límite lo ponen el buen gusto y sobre todo, tu imaginación.

Aunque a veces resulta lo más cómodo y sencillo, no siempre es necesario que lleves en tu maquillaje los mismos tonos que en tu vestuario y accesorios, ya que puedes combinarlos o contrastarlos. Con un poco de práctica pronto sabrás qué color se lleva bien con otros colores y cuáles no lucen bien juntos.

Recuerda que cada persona es única y la combinación que puede lucir muy bien en alguien, tal vez no sea la mejor opción para ti o viceversa.

Puedes experimentar con la inmensa variedad de colores y texturas de los cosméticos, pero te recomendamos que lo hagas en un momento en que no tengas prisa y cuentes con el tiempo y la tranquilidad para realizar varias pruebas, hasta encontrar el estilo que deseas.

Los productos para maquillaje disponibles, vienen generalmente en dos grupos de color:

Los tonos fríos son: blanco, blanco ostión, blanco nieve, negro, gris claro, gris oscuro, plateado, verde oscuro, verde claro, azul marino, azul eléctrico, azul claro, vino, rojo nochebuena, rojo cereza, fucsia, palo de rosa, rosa pastel, amarillo canario, amarillo pastel, morado, lila.

Los tonos cálidos son: crema, amarillo mango, mostaza, naranja, camello, ocre, dorado, bronce, café, terracota, ladrillo, chedrón, guinda, rojo, durazno, verde olivo, verde jade, verde perico y verde limón.

De acuerdo a la pigmentación de tu piel, ojos y cabello, cuentas con un tipo especial al que le favorecen ciertos tonos y colores.

Aunque la teoría dice que es preferible no combinar colores cálidos con fríos, en la práctica tú puedes jugar y descubrir que en algunas ocasiones lucen bien juntos.

Apóyate en este esquema cromático.

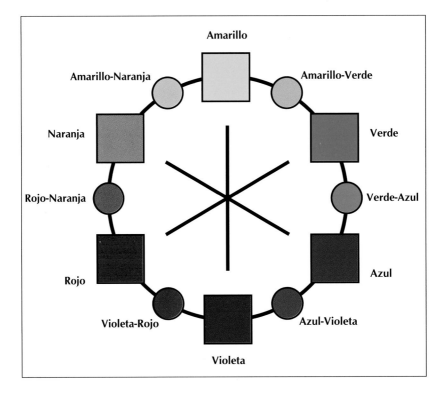

Dentro de este gráfico te mostramos una paleta general de colores. Elige el color que predomina en la ropa que vas a utilizar y busca su opuesto en el esquema, que está indicado con flechas negras; ese es el color que combina mejor y puedes usar sus diferentes matices o tonalidades para maquillarte.

Puedes utilizarlo al revés, elige el tono en el que deseas maquillarte y busca en su opuesto el color de ropa y accesorios que deberás usar.

Recuerda que toda esta información representa sólo lineamientos generales, ya que también influyen mucho tus tonos de piel, cabello y ojos, edad y personalidad.

Todos los seres humanos pertenecemos a un tipo determinado, de acuerdo a nuestros rasgos generales. La mayoría de las mujeres mexicanas estamos englobadas en el esquema de la siguiente página. Esta es solamente una guía, anímate a experimentar con todos los colores y texturas para lograr diferentes efectos y estilos.

ESQUEMA DE TIPOS DE MUJER

COLOR DE	TRIGÜEÑA	MORENA CLARA	RUBIA PÁLIDA
CABELLO	Castaño medio a obscuro, hasta negro azabache	Castaño obscuro y negro	Rubio platino, rubio paja, rubio obscuro, castaño claro y tonos cenizos naturales
TEZ	Beige-blanca, beige-rosa, beige-dorada, olivo claro, olivo obscuro	Café clara, café intensa, caoba y negra	Pálida, clara, rojiza
OJOS	Café, avellana, gris o verde manchado, azul intenso	Avellana, gris, gris verdoso, café obscuro y negro	Azul, azul claro, azul verdoso, gris claro, avellana
BASE DE MAQUILLAJE	Beige rosado, beige claro, cacao, café rosado, bronce obscuro	Ámbar, miel obscuro, cobre tostado y beige tostado	Color carne, beige, beige rosa y café rosa
RUBOR	Rosa azuloso, café rosado y rosa-vino	Rojo encendido, rojo obscuro, lila, rosa, ámbar o brillo para mejilla rojo	Rosa, rosa tostado y frambuesa
SOMBRA DE OJOS	Rojizo obscuro, azul, gris, gris verdoso y malva	Tonalidades en rosa, rojizo obscuro, azul verdoso obscuro, azul medio, azul marino, violeta humo, gris obscuro y negro azulado	Gris, gris azuloso, gris obscuro, rosa, café grisáceo claro, malva y azul verdoso obscuro
DELINEADOR PARA OJOS	Negro, gris obscuro y gris claro	Azul, malva y café-negro	Café y azul marino
MÁSCARA PARA PESTAÑAS	Café-negro	Café-negro	Café, malva y azul oscuro
LABIAL	Rojo encendido, rojo cereza, ciruela, vino encendido, fucsia	Rojo, rojo encendido, ciruela, frambuesa, rojo moka	Ciruela, rosa intenso, rojo azuloso, rosa, brillo en tono rosa
DELINEADOR DE LABIOS	Rojo encendido y cereza	Rojo obscuro y café claro	Rojo con matiz violeta, rojo vivo o frambuesa

El color en los ojos

El color toma vital importancia en los ojos y existen diferentes estilos de combinarlo, pero la forma más común para maquillarlos es la que se basa en tres tonos:

1. Una sombra luz o tono base, que generalmente se aplica debajo de la ceja o en todo el párpado superior con movimientos de adentro hacia afuera y casi siempre es un color claro, pastel o neutro.

2. Una sombra media, que comenzará a añadir el toque de color y se aplica sobre el párpado superior en forma de 7 y con movimientos de adentro hacia afuera. Se utiliza ligeramente, sólo para resaltar un poco el ojo.

3. Una sombra dramática que por lo general tiene un color más fuerte y contrastante que las dos primeras. Se aplica también en forma de 7, sobre el tono medio, siguiendo el borde exterior de la cuenca del ojo, subiendo desde el rabillo y difuminándose hacia adentro de la cuenca. Debe desvanecerse muy bien para no perder el tono medio.

Adicionales: en ocasiones puedes utilizar un poco de sombra media o delineador en el párpado inferior, debajo de las pestañas, para enfatizar la mirada; también puedes combinar ambos.

La sombra se aplica cerca del lagrimal y con apenas un toque, mientras que el delineador se debe aplicar de ¾ del ojo hacia fuera, sin tocar la parte interior del borde del párpado.

Aplica el delineador en todo el borde del párpado inferior, cuando quieras disimular unos ojos muy pequeños o separados.

En caso de que tus ojos sean grandes o prominentes, aplica el delineador de la mitad del borde del párpado inferior hacia afuera.

4 Aplicando el maquillaje

4

Aplicando el maquillaje

Existen ciertas técnicas para aplicar el maquillaje, que permiten optimizar el uso de los cosméticos y aumentan su efectividad.

Te sugerimos que sigas el orden de estos pasos, pues te ayudarán a maquillarte en forma rápida y práctica; de esta manera podrás ahorrar tiempo, esfuerzo y lograrás mejores resultados.

1. Utilizar correctores

Éstos sirven para acentuar o disimular ciertas partes del rostro. Los correctores base se aplican de la misma manera que la base de maquillaje (ver punto 2 "Aplicar la base de maquillaje").

El corrector para zonas específicas se aplica con una brocha plana delgada (ver ilustración 3, pág 27), por medio de pequeños puntos en áreas localizadas y dando golpes suaves para que éste no se desvanezca y logre cubrir completamente las imperfecciones. Para que el corrector no se note, posteriormente se desvanecen los puntos con la yema de los dedos, realizando movimientos circulares hacia afuera, hacia abajo o hacia arriba, según la zona que estemos corrigiendo.

Los colores que se utilizan para cada efecto en particular, se describen en el capítulo 6.

2. Aplicar la base de maquillaje

Esta base se utiliza para unificar el tono de piel de todo el rostro. Se aplica colocando en el dorso de la mano cierta cantidad de producto y tomándolo de ahí con una esponja triangular (ver ilustración 5, pág. 27) limpia y seca, para evitar contaminar el producto y distribuyéndolo con pequeños toques que después se desvanecerán.

Debes comenzar en la base de la nariz y hacia los pómulos; sigue del entrecejo hacia el nacimiento del cabello y las sienes; en el puente de la nariz se aplica en forma recta y descendente; continúa con el centro de la barbilla en forma circular y hacia las orejas; cubre el área de los ojos, incluyendo ambos párpados, sin manchar las pestañas y las cejas y finalmente aplica ligeramente en los labios.

Difumina perfectamente las orillas hacia el cuello y las orejas, para que no se note la diferencia con el tono de tu piel.

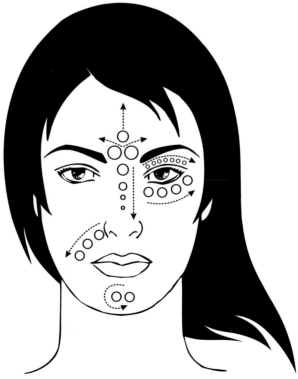

3. Sellar con polvos traslúcidos

Los polvos sellan, acentúan y eliminan brillos y se aplican con una brocha gruesa o gorda (ver ilustración 1, pág. 27), tomándolos directamente del envase y sacudiendo o soplando un poco para eliminar el exceso de producto. Primero se dejan caer directamente sobre el rostro en forma de lluvia de estrellas y después se distribuyen, con movimientos circulares, del centro hacia afuera y hacia abajo, incluyendo párpados y labios, para que las sombras no se corran y el labial dure más; además, ayudan a engrosar las pestañas.

4. Rizar las pestañas

Lo puedes hacer utilizando un rizador especial o con la tradicional cuchara que es tan común, práctica y proporciona una apariencia natural.

La forma correcta es rizando ligeramente las pestañas que están cera del lagrimal y poniendo mayor énfasis en las pestañas de la parte media y externa del ojo. Esta forma sesgada las hará lucir más largas y sensuales.

Debes tener mucho cuidado de no lastimar el lagrimal y de no trozarlas.

5. Sombrear los ojos

Las sombras dan vida y color a los ojos y se aplican utilizando una brocha plana (ver ilustración 8, pág. 29), mediante pequeños golpes que permiten que éstas se adhieran perfectamente a la piel del párpado, con movimientos de adentro hacia afuera o en sentido opuesto, dependiendo del tono de sombra (luz, media o dramática) y posteriormente se difuminan para dar una apariencia natural.

La sombra dramática se aplica con una brocha de punta redondeada (ver ilustración 7, pág. 29).

Cada paso o tono que apliques en un ojo, deberás repetirlo inmediatamente en el otro, para que queden iguales y evitar que se te olvide lo que hiciste con el primero.

En ciertos tipos de maquillaje se suele sombrear o delinear el párpado inferior. La sombra se aplica con un solo toque en el borde del párpado inferior y sobre el área del lagrimal, debajo de las pestañas.

El delineador, ya sea lápiz, líquido o sombras convertidas con gotas (ver capítulo 2, cosméticos, inciso e), se aplica de adentro hacia afuera sobre el borde superior y/o inferior del párpado, y de acuerdo al efecto que se desea obtener (ver ilustración pág. 41).

6.   Engrosar y alargar las pestañas

El rímel se debe aplicar desde la base o raíz de las pestañas, abarcándolas todas hasta la punta.

Debes cuidar que éstas no queden cruzadas o pegadas, para lograr una apariencia impecable.

Normalmente se utilizan de dos a tres capas de producto, aplicando la primera capa en ambos ojos e inmediatamente después la segunda y tercera, antes de que se seque la anterior, pues las pestañas podrían apelmazarse o formarse unos grumos indeseables.

La máscara se aplica después de la sombra de ojos, para aprovechar el polvo que cae sobre las mismas y que ayuda a engrosarlas.

7. Dar color a las mejillas

Además de esta función principal, el blush nos ayuda a dar estilo al maquillaje e incluso a corregir algunos rasgos del rostro.

Se aplica con una brocha gruesa, tomando producto directamente de su estuche y sacudiéndola o soplándole suavemente para eliminar el exceso. Es importante que la dirijas siempre en dirección de afuera hacia adentro, para que no queden rayas marcadas en tu rostro.

El rubor puede distribuirse en diferentes formas, dependiendo del efecto que deseamos obtener y podrás ver algunos ejemplos prácticos en el Capítulo 5.

8. Delinear y colorear los labios

El delineador nos ayuda a definir los labios superior e inferior, dándoles forma o corrigiendo irregularidades, como marcar la figura del corazón, alargar, adelgazar o emparejar. Al mismo tiempo, evita que el labial se escurra entre las comisuras de la boca.

Ya sea en lápiz o utilizando un pincel, normalmente se aplica un tono igual o ligeramente más oscuro que el producto con el que rellenaremos los labios, para que el maquillaje no luzca artificial.

Una vez delineados, los labios se colorean con el tono de labial elegido. En caso de no contar con un pincel para labios, puedes sustituirlo por un cotonete o aplicar directamente el tubo en forma vertical, siguiendo los pliegues de la piel, para que dure más.

Se puede dar un acabado más sensual, terminando con una capa de gloss o brillo. Éste se aplica en la mano y de ahí se toma para colocarlo en los labios; de esta forma evitamos que se contamine el producto, sobre todo cuando usamos un gloss transparente o traslúcido.

9. Estilizar las cejas

Para resaltar esta parte tan importante de nuestra personalidad, se debe rellenar con sombra del mismo color natural de la ceja y utilizando una brocha sesgada o diagonal (ver ilustración 9, pág. 29) en caso de que existan pequeños huecos entre los vellos.

Además debemos estilizarlas, cepillándolas de adentro hacia afuera y fijarlas con un gel especial para cejas, que actualmente puedes encontrar en presentación transparente, que es la más común, o en diferentes tonos para elegir el que más se parezca al de tu cabello.

10. Fijar el maquillaje

Como paso final, existen productos especiales en spray que hacen que tu maquillaje dure por más tiempo. En caso de no contar con alguno de ellos, puedes utilizar un fijador para cabello en spray o rocío, o bien agua mineral fresca aplicada con un atomizador, que te ayudará a cerrar los poros y hará lucir mejor el maquillaje.

5 Definiendo tu estilo

5

Definiendo tu estilo

Existen diferentes tipos de maquillaje que podrás lucir dependiendo de tu edad, hora y ocasión. Aunque algunos se recomiendan para casos específicos, las bases son las mismas y puedes experimentar con cada uno, hasta descubrir qué estilo y colores te quedan mejor.

Nuestras recomendaciones básicas son las siguientes:

De 15 a 20 años

A esta edad, lo importante es lucir natural y no abusar de los cosméticos, pues la piel y en general los rasgos no necesitan más que un poco de realce.

Durante esta etapa, hay cierta tendencia a tener granitos o espinillas, que deben disimularse con el corrector apropiado, no utilizando exceso de maquillaje, que en lugar de corregir, lo hará lucir pastoso o artificial, enfatizándolo más.

Mónica

Maquillaje ligero de día

En su caso se exfoliaron los labios* porque los tenía deshidratados, se afinaron las cejas y se limpiaron los párpados con pinzas, para dar más luz a la mirada.

Como primer paso se usó una **base de corrector verde menta** para eliminar los enrojecimientos de su piel. Después se aplicó otro **corrector en tono beige** para eliminar su ojera natural.

Después se usó un **maquillaje ligero líquido en tono beige**, para uniformar el color de su rostro y darle una apariencia mate. Se selló, empleando **polvos traslúcidos o de arroz, en tono beige**.

Se rizaron las pestañas interiores y exteriores para lograr un efecto de longitud. Para maquillar los ojos, se siguió la base de tres colores. Primero aplicamos una **sombra luz o base, en tono beige mate**. Te aconsejamos no apretar el párpado, para que la sombra quede bien desvanecida. Debajo de la ceja aplica un poco más de producto para enfatizar.

Limpia la brocha con un pañuelo desechable, usa esta misma para el siguiente paso: aplicación del tono medio, en esta ocasión fue un **tono rosa claro nacarado**. Esta sombra es muy importante, su color es el que va a proporcionar el look de acuerdo a la ocasión, edad o vestuario (ver esquema cromático del capítulo 3).

Como tercer tono o tono dramático, se utilizó un **color café oscuro** sobre la cuenca del ojo, para darle profundidad. Ésta se aplica con una brocha redondeada (ver ilustración 7, pág. 29) siguiendo el arco natural del ojo. No se marcó mucho por la edad y por el tipo de maquillaje ligero. Para una mirada luminosa, se aplicó la sombra de tono oscuro debajo de las pestañas inferiores, de ¾ partes del ojo hacia afuera, sin tocar el lagrimal. Se aplicó el mismo tono medio desde el lagrimal, marcando un ligero punto y desvaneciéndolo para unirse con la otra sombra, sin marcar la diferencia entre los dos tonos. El rímel o máscara se distribuyó desde la raíz hacia la punta, tratando al mismo tiempo de separarlas.

El siguiente paso fue aplicar un **rubor en tono rosa**, sin marcarlo mucho por el tipo de maquillaje de día, dirigiéndolo desde la oreja hasta la punta de la nariz.

Se delinearon los labios con un pincel delgado y se rellenaron con un pincel menos fino (ver ilustración 2, pág. 31), con el mismo labial.

En el caso de Mónica, se marcó más la forma de corazón y se engrosó el labio superior, utilizando un tono **chocolate mate indeleble**, después se aplicó **gloss transparente**. Las cejas se rellenaron y cepillaron de adentro hacia afuera. Al final, se aplicó gel o máscara especial para cejas. Se aplicó al final un fijador de maquillaje en spray, para que éste durara por más tiempo.

---

* Puedes encontrar exfoliadores de diversas marcas para esta zona. Una opción casera puede ser aplicar una capa de miel de abeja y remover las células muertas con un cepillo de dientes para bebé o dando un masaje con los dedos; al final retira con agua limpia.

Raquel

Maquillaje semiformal de día

Se comenzó aplicando los **correctores: beige** para corregir la ojera, y **verde menta** para disimular los granitos en la piel.

Después se empleó una **base líquida y ligera en tono beige***, apropiada para su color de piel y su edad.

Se rizaron las pestañas teniendo cuidado de no trozarlas. Los ojos se maquillaron empleando esta vez, cuatro tonos. Como **sombra luz un color beige neutro** o básico debajo de la ceja. Después un **tono medio en color cobre**, cubriendo el párpado superior. Finalmente el tono dramático, combinando un **color naranja** en forma de 7, aplicando sobre éste **café oscuro** y desvaneciéndolos muy bien.

Para dar una mayor expresión, se aplicó **sombra café** debajo de las pestañas inferiores, de ¾ hacia afuera, dejando para el lagrimal el tono cobre. Se difuminaron para que no se notara el cambio de color.

Raquel tiene las pestañas muy espesas, por lo que se utilizó una **máscara negra** que tuviera el cepillo más abierto. Su mirada se enfatizó con un **delineador líquido negro** en el párpado superior.

Después se aplicó muy suavemente, **un blush en tono café**, dirigiéndolo de la oreja hacia la comisura de los labios, debajo de sus pómulos prominentes, para disimularlos.

Los labios se maquillaron utilizando un **delineador café** básico, siguiendo su línea natural y sin realizar correcciones y un **brillo traslúcido en tono dorado**.

Las cejas se peinaron y fijaron con gel.

---

* La base para maquillaje se puede aplicar con una esponja triangular o de queso, o utilizando un pincel grueso de punta ovalada (ver ilustración 2.3).

Tania
Maquillaje formal para noche

Primero se exfoliaron sus labios, pues lucían resecos y sin vida. Se aplicó un **corrector beige** en ambos costados de la nariz, siguiendo su línea desde el nacimiento, hasta llegar a las aletillas.

Su tez es pálida, por lo que se aplicó una **base de maquillaje en tono bronce**, cremosa y de mediana cobertura. Se selló con **polvos traslúcidos** en el mismo color.

Las pestañas se rizaron en forma sesgada. Los ojos se maquillaron comenzando con un **tono luz lila pastel**. El tono medio fue un **lila nacarado** más intenso y el dramático un **azul eléctrico** que se acentuó **con un poco de sombra negra encima**.

Para hacer más intenso el maquillaje, se enmarcó el ojo con el tono lila nacarado, rodeando desde el párpado superior al lagrimal, hasta llegar a la mitad del párpado inferior; partiendo de ahí, hacia el límite exterior, aplicamos la sombra azul eléctrica debajo de las pestañas, difuminando ambos tonos para que no se notara su unión.

Se utilizó **delineador líquido negro** para hacer lucir más espesas las pestañas y dar mayor expresión a la mirada, distribuyéndolo sobre el párpado superior en una línea muy delgada. Se completó el maquillaje de los ojos empleando una **máscara para pestañas en color negro***.

El **rubor en tono bronceado** se aplicó en forma de mariposa, siguiendo la línea natural de los pómulos.

Finalmente se delinearon los labios en **color rosa**, difuminándolo hacia adentro con el mismo pincel para terminar con una capa de **gloss traslúcido morado**.

Se fijaron las cejas con **gel transparente**, pues la modelo las tiene muy tupidas y no necesitaban color.

---

* Existen diferentes máscaras para pestañas en colores muy vivos, que puedes utilizar a esta edad y para lograr un maquillaje espectacular.

Ana Paola

Maquillaje para adolescentes principiantes

Por su edad, no fue necesario realizar correcciones de rasgos, sino únicamente enfatizar sus propias características.

Comenzamos aplicando **polvo compacto en tono bronceado** para unificar el bronceado natural de la modelo.

Debajo de la ceja se aplicó una **sombra luz nacarada** para acentuar el tono bronceado. Después se delineó el contorno del ojo con **sombra en polvo* morada iridiscente****, cubriendo el borde del párpado superior y llegando hasta ¾ del inferior, sin tocar el lagrimal. Ésta se puede aplicar también en al ángulo opuesto; es decir, en el exterior del ojo.

Se aplicó **máscara negra** para las pestañas superiores, peinando únicamente las inferiores.

El **rubor** se aplicó **en tono bronceado** y en forma de mariposa. Este paso es opcional cuando estás comenzando a dar tus primeros pasos al arte del maquillaje, puedes ponerte blush o evitarlo si así lo deseas.

En los labios se aplicó un **gloss rosa traslúcido** muy apropiado para su edad.

Se estilizó la ceja, peinándola y dándole forma con un **gel transparente.**

---

* Cuando empleas este tipo de sombras sueltas o volátiles, debes presionar un poco al aplicarlas, para que se adhieran a la piel.

** En el mercado puedes encontrar delineadores nacarados, cremosos y brillantes que lucen muy naturales y puedes utilizar para conseguir este mismo efecto.

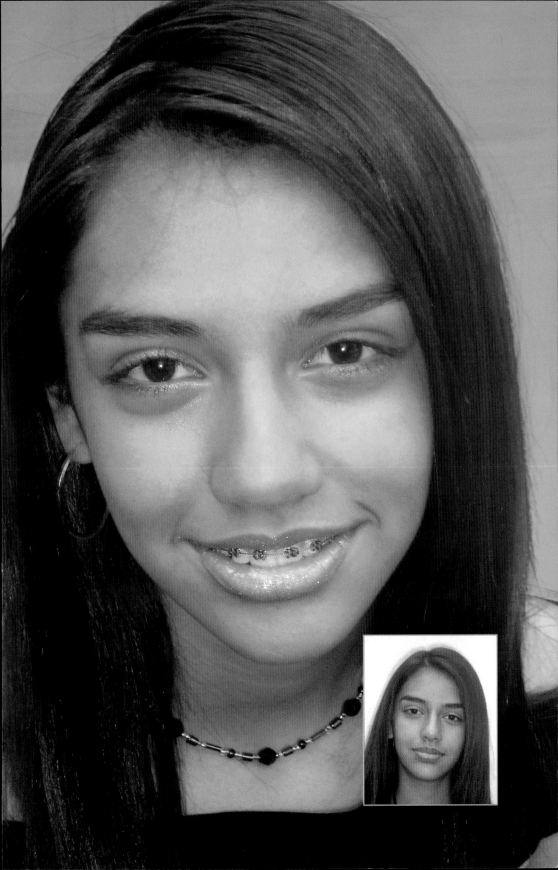

De 20 a 30 años

Durante esta edad, las mujeres utilizan más frecuentemente el maquillaje, pues el ritmo de vida y las actividades así lo van exigiendo.

Yailen
Maquillaje natural

Se limpió el vello del área del bozo y en el caso de Yailen, no hubo necesidad de aplicar correctores.

Se comenzó con una **base líquida en tono beige** y se selló con **polvos sueltos** también en color beige.

El tono de tez de la modelo es rosado y por eso se utilizaron colores bronceados.

Después de rizar las pestañas, se aplicaron como sombras un **tono luz beige nacarado** debajo de la ceja, un **tono medio rosa nacarado** y un **tono dramático café claro**, en forma de 7 y sin marcarlo mucho por el tipo de maquillaje.

Como sus ojos son pequeños, se utilizó **corrector líquido negro**, excediendo un poco el límite del rabillo del ojo en el párpado superior; en el inferior se aplicó de ¾ partes hacia afuera, separando un poco la línea del borde natural de las pestañas, al llegar al límite exterior de las mismas, para hacerlos lucir más grandes.

Para reforzar este efecto, se aplicó sombra rosa, desde el inicio de la nariz hasta la parte exterior del párpado. Se utilizaron tres capas de **máscara para pestañas negra***.

Después se aplicó un **rubor tono bronceado**, en forma de mariposa.

Se enmarcó la boca con un **delineador color chocolate** y se rellenaron los labios con **gloss transparente**.

Finalmente se estilizaron y fijaron con gel las cejas.

---

* Recuerda cuidar que las pestañas queden perfectamente separadas al aplicar la máscara.

Paula
Maquillaje audaz

A ella se le dio una imagen muy especial, pues su forma de ser es segura, sin complejos y lo demuestra con el piercing que lleva en la nariz.

Se inició dándole forma a su ceja*.

Se empleó un **corrector beige** para cubrir la sombra que presenta en el párpado superior y para perfilar su nariz.

Se aplicó después un **maquillaje cremoso en tono bronceado**.

Los ojos fueron la diferencia. Se rizaron las pestañas y en esta ocasión se aplicó una **sombra luz rosa nacarado**, debajo de las cejas. El tono dramático empleado fue un **color bugambilia** que cubrió toda la cuenca del ojo, incluso excediendo un poco el límite exterior del mismo.

A la altura del borde externo de la ceja, se rodeó el ojo en un semicírculo hacia adentro para llegar al párpado inferior, debajo de las pestañas, con una línea que comenzó muy gruesa y se fue degradando hasta hacerse delgada en las ¾ partes y desvanecerse por completo al llegar al lagrimal.

Se aplicó máscara negra para pestañas.

En forma de mariposa, se aplicó el **blush color bronce** para dar un equilibrio al maquillaje y hacerlo menos dramático. Por esta misma razón, los labios se delinearon en su contorno natural con **un tono igual al de su piel** y se rellenaron con **gloss transparente**. Así buscamos centrar la mirada en los ojos, no en los demás rasgos.

Se rellenó la ceja con sombra en un tono semejante al de su cabello.

Atrévete a probar este tipo de maquillaje, aún si no tienes la misma edad; todo es cuestión de que vaya con tu personalidad, con la ocasión y de que tú te sientas segura y atractiva luciéndolo.

---

* Recomendamos que la depilación la realices un día antes, para evitar que la piel luzca inflamada o irritada.

Laura
Maquillaje ejecutivo

Se utilizó un **corrector beige** en el contorno de los ojos y en las aletillas de la nariz. Después se empleó una **base en color beige**.

Entonces se rizaron cuidadosamente las pestañas. Los ojos se maquillaron comenzando con un **tono luz amarillo traslúcido** debajo de la ceja; se siguió con un **tono medio en lila pastel mate**, completando con un **tono dramático color morado** en forma de 7, que enfatizamos con un **color bugambilia** encima.

El contorno del ojo fue delineado con **lápiz color fucsia**, cubriendo completamente el párpado superior y de ¾ hacia afuera el inferior. Se aplicó la **máscara negra para pestañas***.

Se aplicó **blush rosa**, dirigiéndolo de la oreja hacia la comisura de los labios, para alargar la forma cuadrada de su rostro.

Los labios se delinearon con un **color vino** y se rellenaron con **gloss transparente**.

Las cejas se alargaron con sombra de un tono lo más parecido posible al de su cabello, porque las tenía muy cortas. Después se fijaron con gel.

---

* Es aconsejable cambiar tu rímel cada 2 o 3 meses para evitar posibles infecciones y otras enfermedades como conjuntivitis.

Rocío
Maquillaje formal

Se limpiaron las cejas de la modelo, porque las tenía muy tupi-das. Después se utilizó **corrector beige** en las aletillas de la nariz para perfilarla.

Por el tipo de maquillaje, se utilizó una **base cremosa beige**.

Tras rizar las pestañas, se maquillaron los ojos con un **tono luz verde iridiscente** y el **tono medio verde limón mate**. Se utilizó también el **tono dramático morado** con un poco de **sombra negra** encima.

La modelo lucía un delineado o tatuaje permanente en los ojos*, que se intensificó convirtiendo la sombra negra en delineador con gotas especiales, distribuyéndolo en todo el contorno del ojo. Se aplicaron tres capas de **rímel negro**.

Se empleó un **blush tono bronce o terracota**, aplicado en forma de mariposa.

Los labios se maquillaron delineando y rellenando con **labial morado**, terminando con una capa de **gloss morado traslúcido**.

Se peinaron y fijaron las cejas con gel, sin necesidad de aplicar color.

---

* Tanto el delineado permanente, como los cosméticos (ya sea delineador lí-quido, sombras convertidas o solas), se utilizan en el contorno del ojo de ¾ partes hacia afuera si el objetivo es agrandarlo; o bien de ¾ partes hacia adentro para corregir unos ojos muy juntos; también puedes aplicarlo de la mitad hacia fuera, en caso de que los ojos se encuentren separados o sean muy pequeños.

De 30 a 40 años

A esta edad comienzan a aparecer las líneas de expresión y la piel empieza a perder su lozanía natural, por lo que es necesario incorporar nuevos elementos a la lista de cosméticos.

Jaqueline
Maquillaje formal para mañana y tarde

Se preparó el rostro, eliminando el exceso de vello en el ceño, bozo, barba y párpados. Después se utilizó una base de corrector en **color verde menta** para eliminar los enrojecimientos de la piel y las cicatrices causadas por el acné. Aplicamos **corrector beige** en las aletillas y con **tono café** afinamos los laterales de la nariz.

Después se utilizó un **maquillaje líquido** más espeso en **tono beige**, que ofrece una mayor cobertura, sellando con **polvos traslúcidos** en el mismo color.

Tras rizar las pestañas, se maquillaron los ojos comenzando con un **tono luz verde iridiscente***, un **tono medio verde claro** y como **tono dramático un verde hoja**. Sobre éste se aplicó un toque de color **chedrón nacarado****.

Se delineó el ojo con un **lápiz color verde hoja**, cubriendo el borde del párpado superior y el inferior de ¾ hacia afuera. En el lagrimal aplicamos sombra en el **tono verde iridiscente**. Se aplicó **máscara para pestañas en color negro**.

El blush color bronce se distribuyó en el rostro, dirigiéndolo de las orejas a la comisura de los labios, en las aletillas y en la punta de la nariz. En el puente de la misma se aplicó un poco de **sombra mate beige** para darle luz y perfilarla.

La boca se delineó con un pincel para corregir su forma y se rellenó con labial **color chocolate**.

Se estilizaron y fijaron las cejas con gel.

---

* La sombra luz mate se recomienda a esta edad para un maquillaje casual o natural y la nacarada o iridiscente, para un estilo más formal. Esta última puede variar el color de la sombra media.

** Por las características de la piel, a esta edad se debe tener cuidado en aplicar cualquier tipo de sombra, dando pequeños golpecitos en el párpado, con el objeto de que ésta se fije bien y dure más.

Martha H.
Maquillaje fresco

Se emparejó una de las cejas, porque la modelo las tenía asimétricas y se eliminó la unión entre el nacimiento del cabello y éstas, utilizando pinzas para depilar*.

Se aplicó un **corrector base en color verde menta** para eliminar los enrojecimientos de la piel. Después, una **base en tono beige**, lo más semejante a su color natural de tez.

Se selló el maquillaje con **polvos traslúcidos neutros** o color beige que son los más comunes, aunque también los puedes encontrar en diferentes tonalidades que deberás elegir de acuerdo a tu color de piel.

Después de rizar las pestañas, se comenzaron a maquillar los ojos con una **sombra luz neutra** en la parte superior del párpado. Por ser de tez muy pálida, encima de este color se aplicó otra **sombra en color amarillo claro**, ligeramente nacarada.

El tono medio elegido fue un **rosa mate** que se distribuyó en toda la cuenca del ojo, terminando con un tono dramático **vino mate**, aplicado en forma de 7 y difuminado con el tono medio. Éste se aplicó también debajo de las pestañas inferiores, de la mitad hacia afuera del ojo, complementando de la mitad hacia el lagrimal con un tono **lila claro**, desvaneciendo la unión de ambos colores.

Entonces se aplicó la **máscara para pestañas negra**, de la raíz hasta la punta y peinando solamente las pestañas inferiores.

Se seleccionó un **rubor en tono bronceado** para darle más luz al rostro y contrastar con el resto del maquillaje, aplicado en forma de mariposa, siguiendo horizontalmente el pómulo de ambos lados y ligeramente sobre las aletillas de la nariz y en el contorno de la frente.

En los labios se utilizó un **delineador rosa** sin necesidad de corregir los rasgos, rellenándolos con **gloss rosa traslúcido** que da una apariencia muy natural.

Después se coloreó la **ceja en tono café claro**, lo más parecido al color natural de su cabello, rellenando los huecos entre los vellitos.

---

* Cuando tus cejas tienen demasiado volumen, te recomendamos acudir a tu estética de confianza para que las corrijan.

Sandra
Maquillaje natural

Se inició con una exfoliación de labios. Como corrector se aplicó una **base verde menta** para eliminar los enrojecimientos de la piel, con pequeños golpes y desvaneciendo de adentro hacia afuera. También se cubrieron las manchitas oscuras del borde exterior de los ojos, así como las ojeras, que en este caso eran oscuras, empleando **corrector amarillo***. Adicionalmente, se utilizó un **corrector café** par afinar la nariz a lo largo del puente y a ambos lados de la misma.

Se aplicó un **maquillaje color beige** semejante al tono de tez de Sandra, sellando con **polvos traslúcidos beige**. Se rizaron las pestañas.

Para obtener un maquillaje más fresco, se emplearon solamente 2 colores de sombra en los ojos. Como tono luz se utilizó un color **beige neutro nacarado**. El tono dramático que se empleó fue un **lila oscuro nacarado** en forma de 7, aplicándolo y difuminándolo de afuera hacia adentro; para darle más énfasis, se aplicó **sombra negra** sobre el mismo.

El mismo tono dramático **lila oscuro se convirtió en delineador,** utilizando las gotas especiales para este efecto, cubriendo los bordes de los párpados superior e inferior por completo.

Después se aplicó la **máscara para pestañas negra**, desde su nacimiento hasta la punta, utilizando 2 capas.

Se delineó la boca con un color **rosa mate**, sin tener que hacer alguna corrección, difuminándolo hacia el centro para darle un toque natural, pues sus labios son carnosos; se complementó con una capa de **gloss transparente**.

Se utilizó un color claro para la boca, con el objeto de equilibrar el maquillaje, centrando la mirada en sus ojos y sin hacerlo lucir demasiado recargado.

Las cejas se rellenaron con una sombra en un color lo más parecido al tono de su cabello y se estilizaron y fijaron con gel.

---

* Cuando la ojera es clara, entonces se utiliza corrector de color beige.

Carla

Maquillaje formal para día y noche

Se comenzó con un **sellador de líneas de expresión transparente*** para unificar la superficie de la piel. Se eligió un **corrector beige** para disimular la ojera.

Como Carla tenía la piel ligeramente bronceada, se utilizó como base la gama de bronceados para acentuar su tono natural.

Después se aplicó una **base en tono bronceado** con pequeños golpecitos y difuminando con movimientos circulares de adentro hacia afuera, sellando con **polvos compactos color bronceado**. El siguiente paso fue rizar las pestañas.

Para los ojos se eligió un **tono luz neutro mate** debajo de la ceja. El tono medio que se utilizó fue **rosa pálido nacarado**, aplicado en toda la cuenca del ojo. Finalmente se seleccionó un **café oscuro** como tono dramático, aplicado en forma de 7. Para dar un efecto diferente, y hacer más formal el maquillaje, se aplicó un tono **rosa tornasol** sobre el tono medio.

En esta ocasión se utilizó un **delineador líquido negro** para enfatizar más la mirada, cubriendo todo el borde del párpado superior y la mitad externa del borde del párpado inferior, sin llegar al lagrimal. Después se trazó una línea de sombra en tono **rosa tornasol**, de la mitad del borde del párpado inferior hacia el lagrimal, cubriendo el delineador líquido con una línea de sombra del tono dramático **café oscuro,** para enfatizarlo.

Se complementó el maquillaje de los ojos, con la aplicación de **máscara en color negro**, desde la base de las pestañas hacia afuera.

El **rubor** elegido fue en color **rosa** y se aplicó en forma de mariposa.

Se delinearon los labios con un color **palo de rosa** para darles forma y se rellenaron con **gloss traslúcido rosa**.

La modelo tiene delineado permanente o tatuaje en las cejas, pues las tiene escasas, pero como su tono ya estaba deslavado y rojizo, se les aplicó una **sombra en tono sepia** para resaltarlas. Después se fijaron con gel para cejas.

---

* Este producto se puede encontrar en diferentes tonalidades para poder utilizarlo al mismo tiempo como corrector base, o transparente, que es el que se utiliza comúnmente.

Ana
Maquillaje clásico

Se inició afinando las cejas con pinzas y corrigiendo algunas manchas en su rostro*. En este caso, se utilizó **corrector amarillo**, aplicándolo con un pincel y dando pequeños golpecitos para después difuminarlo. Se empleó además una **combinación de maquillajes en tonos bronceado y beige** para darle una apariencia más natural. Finalmente se selló con **polvos traslúcidos color beige**.

Después de rizar las pestañas, se eligió una **sombra luz amarilla pálida nacarada** para los ojos. Como éstos son pequeños, se utilizaron únicamente dos colores para dar profundidad. El tono dramático empleado fue un **bugambilia mate**, que se aplicó en forma de 7, con el mismo sistema de pequeños golpes y desvanecido. Este mismo color se empleó en el párpado inferior, debajo de las pestañas, de ¾ hacia afuera, sin llegar al lagrimal.

Se aplicaron 2 capas de **máscara negra**.

El **rubor** elegido fue **un tono rosa,** aplicándolo desde la oreja y difuminándolo hacia la comisura de los labios para adelgazar el pómulo.

Los labios se delinearon y rellenaron con un **tono bugambilia** y al final se les dio un acabado más voluptuoso con una capa de **gloss transparente**.

Las cejas se fijaron y estilizaron con **gel transparente**.

---

* Estas manchas pueden ser causadas por la edad, por accidentes como quemaduras o bien por falta de pigmentación en la piel, ocasionada por alguna enfermedad o padecimiento de salud.

De 40 años en adelante

A partir de los 40, la piel necesita mayores cuidados pues comienza a perder su elasticidad y las líneas de expresión se hacen más evidentes. El maquillaje es imprescindible en el arreglo diario, así que presta atención a los siguientes casos.

Ana María
Maquillaje formal tradicional

Se eliminó el vello facial del área de las mejillas para que no causara sombras. Se utilizó un **sellador de líneas de expresión transparente**. Se aplicó **corrector beige** en las aletillas de la nariz y debajo del ojo, para disimular las pequeñas bolsas propias de la edad.

Se empleó una **base compacta beige** y después **polvo compacto en tono bronceado** que ofrece una mejor cobertura, para lograr un maquillaje más formal. Para enfatizar la nariz se utilizó un **polvo bronceado** desde el lagrimal hasta las aletillas y a ambos lados de la misma.

Una vez que se rizaron las pestañas, se aplicó una **sombra luz en tono beige nacarado**; después un **tono medio en color coral** y un **dramático en café oscuro**. Sobre el tono café en forma de 7, se complementó con **un tono cobre**. En el párpado inferior se aplicó primero el mismo tono de sombra media y encima el tono dramático, directamente para no endurecer las facciones, de ¾ hacia afuera*. Finalizamos el maquillaje de los ojos con tres capas de **máscara para pestañas negra**.

El **blush** elegido fue un tono **palo de rosa** aplicado desde la oreja y desvaneciéndolo hacia la comisura de los labios, para alargar el rostro.

Los labios se delinearon con un **lápiz coral**, dibujando la línea que se va perdiendo con la edad. Se rellenaron con un **labial en el mismo tono coral**. Al final se aplicó un **gloss transparente**.

La ceja se rellenó delineándola hasta la altura del rabillo del ojo, para levantarla de su forma original que lucía caída, empleando una sombra igual a su tono natural. Después se fijó con gel.

---

* Los excedentes de sombra o restos que quedan en otras partes del rostro, se pueden eliminar usando la misma esponja del maquillaje, agregando un poco más de producto o con el que quedó cuando lo aplicaste al principio.

Martha
Maquillaje cotidiano

Se preparó el rostro eliminando el vello de patillas, comisura de los labios y unión entre la ceja y el crecimiento del cabello, utilizando pinzas y perfilador (ver ilustración 6, pág. 27).

En todo el rostro se aplicó un sellador de líneas de expresión transparente, que rellena y empareja para dar una textura uniforme a la superficie.

Después se utilizó un **corrector beige** en la zona de los ojos y las aletillas de la nariz y otro **amarillo** para las zonas obscuras, combinando ambos en las líneas del rictus, con el fin de emparejar el tono de la piel.

Como base se utilizó un **maquillaje beige claro**, sellando con **polvos traslúcidos** del mismo tono. Se rizaron las pestañas.

En los ojos de utilizó una **sombra luz en un tono ligeramente dorado**, debajo de la ceja; un **tono medio en color durazno mate**; un color **chedrón como tono dramático**, en forma de 7 y un **durazno nacarado** sobre el color durazno mate para darle un acabado diferente. A esta edad se recomienda estirar la piel jalándola hacia arriba, para que la sombra quede bien difuminada y sin huecos.

Se aplicó una máscara negra* de la base de las pestañas hacia la punta.

El **rubor en tono rosa** se dirigió de la oreja hacia la comisura de los labios.

Con el paso del tiempo, se va perdiendo la forma o contorno de la boca, por eso se dibujó la línea del corazón del labio superior, con un **delineador tono chocolate** y se rellenó con un **gloss nacarado en color vino**.

Las cejas se peinaron y sellaron con un **gel especial transparente**. Recuerda que después de cada aplicación debes limpiar el cepillo en un pañuelo desechable limpio.

---

* Por su tono de piel y los colores del maquillaje, se puede emplear también una máscara para pestañas en color café.

Gabriela
Maquillaje ligero

Se limpió y emparejó la ceja izquierda porque lucía asimétrica. Se aplicó un sellador de líneas de expresión transparente. Después se utilizó un **corrector color bronce** en las aletillas de la nariz y otro **corrector beige** en el puente de la misma, para afilarla y hacerla lucir respingada.

Se aplicó un **maquillaje cremoso en tono bronce*** sellando con **polvos traslúcidos en tono beige**. Enseguida se rizaron las pestañas.

Se maquillaron los ojos usando un **tono luz neutro nacarado** debajo de la ceja y un **tono medio durazno mate** en toda la cuenca del ojo. El **tono dramático** elegido fue **café medio**, aplicado en forma de 7, siguiendo la misma forma del ojo. Sobre éste, se aplicó otra **sombra en color durazno nacarado**, porque al ver el acabado del ojo, éste lucía muy plano y parejo y era necesario agregarle un poco de profundidad.

La modelo tiene delineado permanente o tatuaje en todo el contorno del ojo, tanto en el párpado inferior como en el superior, que se enfatizó con **delineador líquido negro** para no opacarlo con sombra. Completamos con la **máscara para pestañas negra**.

Se delinearon los labios con un **lápiz en tono chocolate** y se rellenaron con un **gloss en el mismo tono**. Se le dio el último toque con un **gloss transparente**.

Finalmente se maquilló el escote para enfatizarlo, utilizando **rubor en color bronce oscuro** para la línea entre los senos y **polvo compacto beige** en el cuerpo de ambos senos. No es muy común maquillar esta área, a menos que quieras lucir espectacular, para una ocasión muy especial o para una sesión de fotografías, ya que los productos pueden manchar tu ropa interior y exterior.

---

* La modelo tiene la piel morena clara, pero si el tono de tu piel es amarillento, existen productos con pigmentos en tonos lila o violeta que ayudan a neutralizar la apariencia amarillenta.

Silvia
Maquillaje casual

Se dio forma a la ceja con pinzas para depilar. La zona "T" del cutis de la modelo es grasa, por lo que necesita constante retoque de polvos traslúcidos*.

El **corrector café oscuro** se aplicó en las aletillas de la nariz, y en la punta de abajo hacia arriba sin tocar la parte superior, dando pequeños golpecitos con un pincel plano. Se empleó un **corrector amarillo** para disimular las ojeras y un poco más en el puente de la nariz para respingarla y darle luz.

Cuando se emplea un corrector muy pastoso, se deben utilizar cantidades moderadas, además de difuminarlo muy bien.

En esta etapa de la vida, se puede llegar a marcar mucho el pliegue del párpado superior, por lo que empleamos un poco de corrector especial para esta zona.

Al aplicar los correctores en zonas específicas, se deben dar golpes muy ligeros para rellenar bien los surcos que dejan las líneas de expresión, sin que la base de maquillaje los elimine; en este caso se utilizó una en **tono beige ligeramente bronceado**, que se aplicó utilizando la esponja triangular. Se selló, con polvos traslúcidos sueltos para dar un acabado más fino**.

Después de rizar las pestañas cuidadosamente, con Silvia se utilizó una **sombra luz color neutro mate**, en un tono más claro que su piel. Se aplicó después un **tono verde limón** como sombra media en todo el párpado y mediante pequeños golpecitos para difuminarla de adentro hacia afuera.

El tono dramático elegido fue un **color ocre nacarado**, colocándolo sobre el párpado superior en forma de "7" y desvaneciéndola hacia al centro. Sobre el ocre se aplicó **sombra negra** para realzar el tono.

Para completar el maquillaje de los ojos, se aplicó **delineador negro,** debajo de las pestañas inferiores, de ¾ hacia afuera, sin llegar al lagrimal.

Las pestañas se cubrieron con **máscara negra**, aplicándola desde su nacimiento hasta las puntas. Las pestañas inferiores sólo se peinaron con un cepillo o peine para pestañas, sin aplicar ningún producto. Para tal efecto, puedes utilizar el mismo cepillo de tu máscara, una vez que has aplicado el producto en las pes-

sigue en página 88

tañas superiores. Revisa el acabado y si es necesario aplica de 2 a 3 capas.

Al terminar de maquillar los ojos se oprimió la zona "T" con un pañuelo desechable limpio, para eliminar residuos de maquillaje y brillo.

Se utilizó un tono de **Blush naranja**, para dar más frescura al rostro, aplicándolo con una brocha gruesa de la oreja hacia la comisura de los labios, buscando alargar el rostro. Se desvaneció muy bien para que no luciera muy marcado o artificial. Finalmente se dio un ligero toque de rubor en la punta y en las aletillas de la nariz. Esta forma de aplicación le da luminosidad al rostro y ayuda a perfilarlo.

Se delineó la boca con un **color vino**, sólo para marcar la forma natural, que en este caso no necesitó corrección. Se rellenaron los labios con un tono similar, para que no contrastara mucho con el delineador.

Silvia tiene las cejas pobladas, por lo que sólo se fijaron con **gel transparente** especial para cejas.

---

* En caso de tener cutis graso, se recomienda utilizar por lo menos una vez a la semana, una mascarilla que contenga alfahidroácidos como arcilla de nuez.

** Aunque los polvos traslúcidos compactos son más portátiles, los polvos sueltos proporcionan un acabado más fino.

6 Tips, Errores y Mitos

Tips, errores y mitos

En esta sección encontrarás pequeños trucos que te ayudarán a resolver algunas situaciones inesperadas, así como recomendaciones que harán más fácil tu aventura dentro del mundo del maquillaje.

- El rímel puede utilizarse también para oscurecer las cejas.
- El blush y la base de maquillaje se pueden usar como sombra de ojos.
- No importa que te hayas hecho delineado permanente o tatuaje en ojos, cejas o boca, de cualquier manera puedes aprovecharlos, corregirlos o resaltarlos.
- El dedo anular es el más conveniente para untar crema o maquillaje en la piel y sobretodo en el contorno de los ojos, pues es más suave que los demás y no daña los tejidos.
- Si no tienes blush a la mano, puedes utilizar un lápiz labial para dar rubor a tus mejillas.
- Para obtener una apariencia sensual y voluptuosa en tu boca, dibuja al centro del labio inferior una pequeña curva ascendente en un tono más claro que el que llevas como base.
- Si deseas restar volumen al labio inferior, dibuja en su centro una línea curva ascendente en un tono más oscuro que el que llevas.

- Es indispensable exfoliar también tus labios, por lo menos una vez a la semana.

- Evita los correctores blancos, pues en lugar de cubrir, resaltan los defectos que estás tratando de disimular y le dan al rostro una tono gris con el paso de las horas.

- Para disimular las ojeras, elige un tono ligeramente más claro que la base y el tono natural de tu piel, buscando que la diferencia sea casi imperceptible.

- Si al aplicar las sombras, caen sobre tus párpados inferiores algunos residuos, aplica una ligera capa de polvos traslúcidos y después sacude la zona con una brocha para eliminarlos.

- Los ojos y la piel se resecan cuando pasan mucho tiempo en lugares cerrados, como durante un vuelo largo; tu cutis requerirá de crema humectante extra y para disminuir este efecto sobre los ojos, no apliques la máscara en todas las pestañas, sólo en las puntas.

- Si utilizas lentes de contacto es preferible maquillarte cuando no los tengas puestos, pues podrían ensuciarse o irritarse con el roce de los pinceles y brochas.

- Si tu maquillaje cremoso o compacto se ha resecado o apelmazado, puedes aplicarle un poco de loción astringente.

- No debes dejar tus cosméticos en el auto, ya que con las altas temperaturas pueden perder sus propiedades.

- Recomendamos utilizar los correctores de consistencia ligera o líquidos pues los correctores más compactos pueden ser contraproducentes, ya que en ocasiones llegan a marcar más aquellas líneas que estamos tratando de disimular u ocultar.

- Si al maquillarte descubres algo de vello que no quedó bien depilado, recurre a un perfilador (ver ilustración 6, pág. 27) que fácil y rápidamente te sacará del apuro.

Errores:

- Prestar tus cosméticos o pedirlos prestados a otras personas.
- Mayor maquillaje, no quiere decir mejores resultados, es mejor encontrar un equilibrio y saber utilizar los colores y formas adecuados.
- Es muy común que al aplicar la máscara para pestañas, introduzcamos repetidamente el cepillo aplicador en el tubo; haciendo esto, lo único que lograrás es que la máscara se llene de aire y se reseque.
- Si quieres lograr un maquillaje duradero y espectacular, antes de comenzar pasa un cubito de hielo por todo tu rostro limpio para cerrar los poros y tonificar los músculos.

Mitos:

- Depilarse con pinzas el vello de las cejas hace que éste crezca más grueso: Falso, al arrancarlos una y otra vez, los vellos se van debilitando, hasta poder eliminarse por completo.

Glosario

Existen ciertos términos más adecuados para referirte a partes del cuerpo o cosméticos, que son diferentes y más apropiados que el nombre con el que muchas veces se les conoce.

Algunos de los más comunes, son:

SE CONOCE COMÚNMENTE COMO	EL TÉRMINO APROPIADO ES
Cara	Rostro
Saltón o abultado	Prominente
Barbilla	Mentón
Papada	Doble mentón
Quijada o mandíbula	Maxilares
Arrugas	Líneas de expresión
Vieja o arrugada	Piel madura
Chapeada	Enrojecida
Granos o barros	Brotes
Espinillas	Comodones
Poner, echar	Aplicar
Bilé	Labial
Rímel	Máscara para pestañas
Pintar	Maquillar
Enchinar	Rizar
Cachetes	Mejillas